JN437822

나사의 힘

정춘희

서울 출생. 이화여대 약학과 졸업.
2005년《문학시대》등단. 2012년 해남전국시조백일장 우수상 수상. 2015년 〈중앙일보〉 시조백일장 입선. 2016년 〈중앙일보〉 시조백일장 입선.
한국문인협회 회원. 광진문인협회 자문위원. 약사문인회 회원.
저서『들꽃들의 춤사위』『모르고 산다면』, 공저『아스라이 먼 세월』외 다수.

봉사활동 : 선한봉사센터 중앙위원 및 실무위원. 에티오피아 · 필리핀 해외 의료봉사. 국내 이웃사랑 의료봉사. 유재라봉사상 수상(여약사 부문).
pcch28@hanmail.net

나사의 힘

—

초판 1쇄 2019년 4월 22일
지은이 정춘희
펴낸이 김영재
펴낸곳 책만드는집

—

주소 서울 마포구 양화로3길 99 4층 (04022)
전화 3142-1585 · 6
팩스 336-8908
전자우편 chaekjip@naver.com
출판등록 1994년 1월 13일 제10-927호
ⓒ 정춘희, 2019

—

* 이 책의 판권은 저작권자와 책만드는집에 있습니다.
  이 책 내용의 전부 또는 일부를 재사용하려면 양측의 동의를 받아야 합니다.
* 잘못 만들어진 책은 구입하신 서점에서 바꾸어 드립니다.

—

ISBN 978-89-7944-684-5 (04810)
ISBN 978-89-7944-354-7 (세트)

책 만 드 는 집 시 인 선 1 1 9

나사의 힘

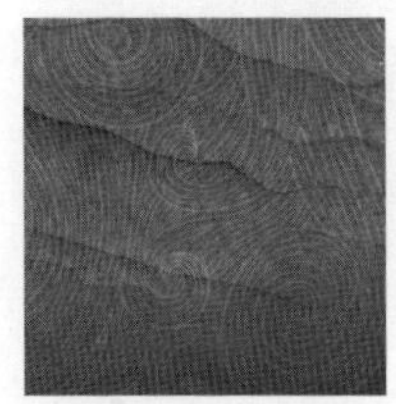

정춘희 시집

책만드는집

| 시인의 말 |

단어와 단어를 엮어가면서
심장이 뛰었습니다.

두 번째 시집을 내고
망설임으로 8년의 시간을 보내면서
그래도 자신감을 갖게 된 것은
한 줄의 시가 내게 와서
나의 손을 잡아준 때문입니다.

그 순간 한 땀 한 땀 다가서며
한 권의 시집을 조심스럽게 내놓습니다.
좀 서툴러도
내 길을 한 걸음씩 걸어갈 것입니다

—2019년 봄
정춘희

| 차례 |

2부

3부

4부

1부

첫

한 해를 밀어내고 어둠을 감추는지
설원 위에 횃불 들듯 첫새벽이 열린다
깍지 낀 흔들림 없는
손 온기가 따뜻하다

스스로 낮게 낮게 역동적인 내면에는
무엇인가 꿈틀댄다,
기본보다 더 높이
한 줄기
빛을 세워서 내 안에 꽂는다

아침 폭설

살 에는 강둑에는 비둘기 한 마리가
나목에 쌓인 눈꽃 멈칫멈칫 쪼아본다
노을이
이글거리며
산을 붉게 물들이고

앙가슴에 잔물결도 가라앉힌 길모퉁이
바람도 잠이 들어 아득한 지평 저쪽
걸음을
재촉하는 구름
언 가슴을 가른다

겨울새, 날다

밉고 고운 단어들이 내 주위를 뱅뱅 돈다
가슴을 할퀴고 가는 세찬 바람 휘몰아쳐
새처럼 하늘로 솟구쳐 수직으로 날아간다

사방팔방 흩뿌려진 하얀 눈발 쓸어 모아
잡목림 빽빽하게 우거진 언덕 끝에
둥실 뜬 먹구름 조각 헛바람이 안고 간다

떠돌다 기다리다 지칠 만도 하겠지만
후미진 구석구석 햇살 한 짐 시고 와서
산자락 눈꽃을 물고, 에움길로 우회한다

폭우, 문 열다

땀에 젖은 몸이라도 발뒤꿈치 가벼워
인기척 없는 숲에 날아든 새 한 마리
물안개 자오록한 아침
나뭇가지에 앉아 있다

어느새 먹구름이 폭우로 바뀌면서
일순간 절벽에서 내려 미는 황토 물줄기
조용한 산문을 열고
길 하나 내는 건가

내리막길 도랑 이뤄 물길 하나 또 생기고
물먹은 나뭇잎이 함초롬히 햇살 한입
지상의 때를 벗긴 소나기
하늘 문이 열린다

3월에 빠지다

낙엽 쌓인 골짜기에 눈은 간곳없이
봄 햇살 밀고 온 바람 바스락 길을 열고
발밑의 뒤꿈치 딛는 소리도
가벼운 내 발걸음

아직도 늦추위에 나목은 떨고 있지만
물오른 산자락에 진달래 가지마다
봄볕이
손 쓰레질로
빗장을 풀고 있다

생강나무 눈곱 떼고 늦은 오후 산길에는
잎샘추위 꽃샘추위 앞섶을 여미는지
뒹굴던 떡갈나무가
하루를 털고 있다

황지못

도로는 도랑 되어 타이어가 잠겨갈 때
흠뻑 옷이 젖어도 입가에 웃음 돌고
그 순간 동심 세계로 빠져드는 물결 위에

하늘에 구멍 뚫린 듯 쏟아지는 폭우에
장대비가 질척거리는 거리를 걸으면서
헤맨다, 날아갈 것만 같은
새털의 마음으로

36.5도

어정 7월 건들 8월
옛말도 옛것이다
폭염이 불꽃같이 이글대는 찜통 속을
바람도 외출했는지 잡지 못한
저 기온

도심은 텅텅 비어
골목마저 조용하고
체온과 온도계 눈금이 같아지는 계절
귓가엔
매미 소리도
숨이 차서 헐떡인다

풋내기 여름

태양이 내리쬐어 서둘러서 노을 지면
바람의 달콤함을 음미하는 저 산 능선
시간의 울렁증인지
흔들리는 길 하나

강물도 몸을 틀어 순응하는 자연법칙
더러는 급브레이크 잡는 날이 왜 없었을까
이따금 풋내 나는 바람
아차산을 흔든다

바위가 눈 뜨다

단풍은 숨이 찬지 가슴이 부셔온다
하늘의 시샘인지 가을비를 흩뿌리고
뒹구는 나뭇잎들로
온 산이 채색된다

걸음걸음 걸어온 길 얼비추는 햇살 안고
아삭대는 나뭇잎 밟고 전율을 감싸 안아
계절 속 황홀한 울림
바위가 눈을 뜬다

가랑비 산을 태우다

흩날리며 내려오는
산봉우리 는개 무리
뚝 떨어진
도토리가 목욕이라도 한 듯이
계곡은 자맥질하듯
맥박이 뛰고 있다

발아래 나뭇잎이
저 혼자서 어둠 속에
비에 젖는 나뭇가지 온몸을 씻은 뒤에
나뭇잎
휘파람 불며
산자락을 태운다

탈바꿈

단풍이 떨어진 자리에 새잎이 돋아나
만산에 우거진 녹엽들은 마음을 치유하고
꾀꼬리 노랫소리에
초록 미소 퍼져온다

꽃망울이 활짝 필 때 파문 이는 전율로
이팝나무 이파리가 순백에 숨바꼭질하고
무심히 보내는 눈길에
경화증이 뚫린다

가을 탱고

들판에 풍요롭게 익어가는 논 풍경
깊은 산에 도토리 떨어지는 소리에
혈관이 활짝 열리면서 울혈이 확 풀린다

눈빛을 맞추는 상수리나무 가지 끝에
걸터앉은 흰 구름이 동공을 사로잡고
저만큼 달아난 바람 흔들리는 저 잎새

자연의 섭리지만 곱게 물든 단풍은
탱고를 추는가? 떨어지는 나뭇잎이
아직은 할 말이 더 있는지
멀리서 손 내민다

초침 소리

한가한 지하철 안 여유롭게 앉은 사내
듬성 난 머리카락 제자리 잡지 못해
하얗게 비어져 있는
정수리가 훤하다

무심코 유리창에 그림 한 폭 그리는데
눈을 감고 헤매는 사람과 사람 사이
정류장 지나쳐 버려
조바심에 울컥한다

약속된 시간까지 놓친 그 순간에
화들짝 저 혼자 식은땀 나는 오후에
계절이 지나버리듯
세월이 지는 소리

숲 속의 대화

산속의 무뚝뚝한 잣나무 갑옷 입고
해마다 쌓여가는 각질을 털어낸다
초록빛
둥근 싱그러움
작은 손을 흔들고

한 생명 태어난 건, 다람쥐 건망증 덕
우둘투둘 굵어진 팔뚝 하늘에 번쩍 들고
온몸을
감싸주듯이
다가서는 그 사람

소나기에 몸 내주고 지탱하는 저녁나절
작은 길 무관심 속 어렴풋이 몸 비비고
이 땅의
상록 침엽수
하늘을 받쳐 든다

자작나무 숲

흰색이 수직으로 빽빽한 산자락에서
나무와 나무 사이 정적만이 맴돌아도
내 눈은 휘둥그레진다
온 마음 사로잡힌다

알싸한 공기의 싱그러움이 촉촉하고
아쉬움만큼 애타는 눈부심이 앞을 가려
시간이 깊어질수록 가슴으로 잡고 있다

계절은 고요 숲에 뚝 뚝 뚝 떨어지고
무거운 그림자가 내 가슴을 흔든 오후
그리운 그때 그 옛날의 그림 한 폭 열린다

새, 길 내다

어둑새벽 빗장 열고, 아침을 몰고 온다
한 줄 빛이
높은 벽을 한순간에 밀어내고
끝끝내
새벽 별 하나,
하늘가에 서성인다

상사화가 군무하듯
해바라기 손짓하듯
좌심실 우심실을 해종일 오고 갈 때
전율로
옷깃 여미는
새 한 마리 강을 따르고

햇별 저리 깃을 세워 여울을 잠재운다
물이랑 금빛 찰랑 길을 내는 여인이

초록 눈
어둠을 열고
저녁놀 몰고 간다

새의 길

어디로 날아갈까 고개 드는 새 한 마리
자욱한 안개 속에 방향을 잃고서
깃털이 몸부림치다,
헐떡대는 저 초췌함

설렘도 멀어지고 어둠이 떨어지면
가로등 저 불빛도 가위로 뚝, 자르고 싶다
강 건너 하얀 물안개 밀고
바람 안고 길을 묻는다

공기 수면제

불안감에 떨고 있다 오염 오염 가속도에
이따금 숨이 겨워 입 가리고 보낸 시간
빈 폐에 가득 채우려고 산소를 갈망하네

만 이랑 물굽이가 꿈틀대는 혈관 속에
스트레스 줄이려고 찾아가는 침엽수림
산 가득 피톤치드*가 코끝을 자극한다

스치는 바람까지 팔 벌리고 손짓하나
발걸음 잠시 멈추고 두 팔 벌린 나무 사이
내 안에 바리움** 번진 듯 고요하고
감미롭다

* 나무에서 배출되는 항균 물질.
** 안정제.

2부

봄의 날개

다급한 사연 듣고
터지는 꽃망울들
기다림도 잊었는가 기웃대는 저 그림자
저 꽃들
형형색색이
눈동자가 분주하다

가슴은 꽃 곁에 두고
발걸음만 움직인다
도미노를 일ㅇ키는 눈부신 꽃 잔치에
살포시 산목련이 웃는다,
세상이 밝아온다

봄의 소리

아침 창 활짝 열고 둑 위로 길을 낸다
일렁이는 물비늘 위 빛바랜 구름 세워
꿈틀댄 계절 그 안쪽 묵은 옷을 벗긴다

아무것도 아니라고 최면을 걸면서도
마음 가득 짙고 옅은 색채를 가해갈 때
우주 속 놀라운 위력, 별뉘 한 줄 꿈틀댄다

소슬바람 몰고 와 햇살이 이운 자리
개나리 노란 꽃에 입맞춤을 하는 건지
누군가 툭, 문을 열고 들어오는 저 소리

매화, 다림질하다

줄을 세워 으쓱댄다, 구겨질까 걱정하며
누군가 만나려는 가슴 뛰는 시간에도
화려한
핑크빛 꽃잎
수줍어 구겨진 앞섶

하늘과 소통하는 아득한 소실점 하나
꽃술을 밀어내는 목이 타는 붉은 매화
수줍은
붉은 지 소녀
입술이 타고 있다

수선화

살포시 미소 띠며
고개 든 꽃망울이
가냘픈 속살을 싱그럽게 드러내고
추위에 당혹스럽고 화려하게 서 있다

부풀었던 가슴속 스며드는 마파람에
살며시 돌아서서 옷깃까지 여미고
꽃샘에 진저리 치는
수줍은 봄 봄 봄

산철쭉 바이러스

홍자색 빛을 품어
산자락이 눈부시다
나른한 한나절에 침묵하는 날에는
산철쭉 조용한 눈짓이
하루를 당긴다

일렁이는 구름 속을 가만히 걸어갈 즈음
코끝 짠한
그 향기가 성벽 돌 적에 펄럭이고
가피른 지 능신 따라
빈손으로 피는 꽃

줄지어 피어난 바람의 길을 따라
물관부 차오르며 찍어놓은 지문 속
산철쭉 긴 터널 안으로
핑크 향이 가득하다

동백, 말춤 추다

최면을 걸어본다

꽃송이가 걸어온다

하늘 끝을 머리에 이고

비틀대는 걸음걸이

동백꽃

긴 그림자가

비틀비틀 말춤 춘다

쪽동백꽃 길

산에서 하룻밤을 지새운 이른 아침
다소곳한 쪽동백이 혼자서 면사포 쓰고
깊은 산
뻐꾸기 소리
꽃잎에 이슬 한입

산자락 녹색 바람을 한 짐 가득 안고 와서
밤사이 떨어진 꽃잎 이리저리 들춰 보고
초여름
맺힌 꽃향기
은은하게 다가선다

연꽃 소나기

날숨 쉬는 장마전선 강 건너 숨 고를 때
연꽃은 떨어지고 연밥이 고개 들고
저 많은 연잎 사이에 혼자서 세운 꽃대

챙 넓은 초록 모자 또르르 구슬 꿰고
물안개 수줍은 듯 제 몸을 뒤틀면서
오래된 친구를 만나 귀엣말 속삭인다

우아한 한 송이 꽃 꽃담을 둘러치고
세연정 빗소리의 위대한 화음 소리
연인들 연꽃 무대에서 물방울 춤을 춘다

상사화

만날 수 있는가, 아! 보고 싶은데
저 나무 아래에서 곱고 붉게 물든 꽃
언제나 꿈속에서만 보게 되는 그대여

색채도 선명하여 개성마저 강한 느낌은
가슴도 꽉 채우고 머리까지 맑아진 날
어느덧 무아지경에 빠져든다 우아함에

해바라기 축제

뙤약볕 내리쬐는 두메산골 축제장은

산모퉁이 에돌아서 자그마한 골짜기

가엽게 건들건들하며, 흔들리는 저 꽃들

들판에 있지 않고 구릉지에 피어 있는

꽃들이 만발한데 표현할 수 없는 감성으로

저 꽃도 할 말이 있는지 꽃잎을 펄럭인다

미모사

꽃대가 꽂혀 있는
연분홍 꽃부리에
못 느끼고 생각 없는 존재냐고 물어보면
아니요
멍들었어요
허례허식 때문이죠

밤에는 잎 모으고 동그랗게 꿈을 꾸지
손을 대면 움칠했다
몸을 닫는 순간에도
나 원 참!
식물인간이라꼬?
돌아앉은 저 내숭

아카시아, 흰나비

안개꽃 얽혀 앉은 계절의 산길 따라
턱 아래 땀방울이 앙가슴 길을 내고
오관이 꿈틀, 꿈틀댄다,
해종일 들썩인다

산릉선 가파르게 걸음걸음 찍어놓고
아득히 아물대는 안개구름 밀어낼 때
몸 푸는 산봉우리는
옹기종기 키를 잰다

굽이굽이 펼쳐지는 격자무늬 깊은 산에
아카시아 향기 물고 모여 앉은 흰나비 떼
흰나비 날갯죽지가
자맥질이 한창이다

떡잎을 버려야 꽃이 핀다

색채도 개성 있는 짙은 초록 바람 소리
얼룩진 삶의 길에 아침 이슬 맺혀 있다
또 하루 고리 속으로
한 땀 한 땀 들어간다

저 들풀도 한 톨의 씨앗을 품었기에
저마다 무성한 잎들도 하늘로 향한다
생명은 자기답게 살 힘을
가지고 태어났기에

제 몸의 신경선을 찌르는 듯 전율이 와도
눈을 감고 담담하게 스스로 극복할 때
새들이 부리를 세워
푸른 하늘 치솟는다

칠면화의 얼굴

꽃 내음이
그윽하게 스며드는 산기슭은
소나무 굴참나무 출렁이는 바다 같다
펼쳐진 산책로 산수국은 여인 마음 흔든다

산이 좋고
물이 좋아
넉넉한 앞섶 열어
헛꽃인 무성화로 벌 나비 손짓하며
어느새 지혜롭게도 땅을 향해 기도하나

지면을 떠다니다
좌초되는 시간에
언제나 공중누각 그리운 손 다채롭고
하늘에
얼굴을 묻고
에움길을 떠돈다

호접란 여섯 가족

추위에 화원에서 슬며시 이사 온 꽃
빨간 입술 노란 옷 호접란이 마주 선다
탁자 위
여섯 그루의 꽃,
한 둥지에 모여 산다

네 개의 꽃대 속에 수십 개의 꽃송이
서로가 깍지 끼고 두 손은 떨림으로
다가선 눈빛과 눈빛
반짝반짝 황홀하다

수줍은 꽃잎을 쳐다보며 속삭인 말
햇살에 인사하며 햇빛 가득 끌어안고
온 집 안 달아오르게 하는
그 눈짓 싱그럽다

꽃병 자리

창가에 꽂혀 있다 바람꽃 한 다발을
다소곳이 감싸 안은 따뜻한 손길 있어
한동안 못다 한 이야기 늦도록 털어놓는다

한 5일 피었다가 꽃잎이 지고 난 뒤
볼이 야윈 까만 얼굴 남루한 옷깃 끌며
등 굽은 할머니 갈고리 손 쓰레기장 뒤진다

비워진 화병이 또 창가에 몸 기대면
해종일 종로 거리에 길을 찾는 사람들이
먼 하늘 흰 구름 잡고 작은 구멍 들여다본다

하늘 화폭

잿빛 하늘 복판에
마른번개 다채롭다
밤을 삼킨 먹구름이 지상에 깔려 있고
사각의 창문 사이로 붉어지는 현란한 빛

꼭 잡은 손과 손은 튀고 튀는 파장인가
하늘 무대 생동감이 불꽃같은 춤사위로
언제나 넘쳐나는 에너지
순간의 오르가슴

하늘을 날아가듯 푸른 바다 헤쳐 가듯
벌집 같은 한 생명이 비껴 매는 안전벨트
현란한 생동감이 넘치는
구름 커튼 속 전위예술

춤추는 창문

에메랄드 하늘가에
휘청이는 춤사위
나직이
비에 젖은 나뭇잎이 몸을 안고
피아노 삼중주 하듯 은은히 퍼진 오후

하르르
운율 타는 오선지의 음표들이
시간이 지나면서 길을 내는 무한 분열
춤추는 창문에 출렁!
금빛 물결 세운다

어느 춤사위

안과 밖 그 틈새는
불필요한 존재인가
박차고 나가면서 과감히 추구하는
실패도 두려움 없이
새롭게 뛰어넘고

순수한 열정에 건강마저 흔들흔들
긍정적 최면으로 가슴을 물들이는
적외선
그 빛 쪼인다
밝은 하늘 웃고 있다

3부

메테오라*

황량한 벌판 위 솟아오른 바위기둥
꼭대기에 위태롭게 들어선 수도원이
우와아! 경이롭습니다
자연 앞에 모은 두 손

특이한 풍광 앞에 휘둥그레진 내 눈동자
경이로운 종교 건축물에
경건함을 느끼고
내부의 프레스코화에 타임머신 타고 있다

밧줄과 도르래로 물건을 나르면서
마법의 성에 올라 하늘 나는 새 한 마리
하늘에 십자가를 꽂고
머무는 바람 같다

* 그리스 테살리아 지방에 있는 수도원.

하슬라*에 머물다

빗줄기가 흔든 바다
해무에 가린 수평선
귓전을 두드리는
성난 파도 소리

바람이
움켜쥔 섬 하나
갈피를 못 잡는다

갈매기마저 어디 갔나
하늘은 텅 비워두고
소나무도 해풍이 버거운지
몸부림친다

하슬라

이사부 군주
독도를 보듬는다

* 강릉의 옛말.

적도의 노을

해안가 야자수 잿빛 구름 이고 섰다
어느새 아이스크림 녹듯이 흩어지고
먼 바다
해넘이 수평선에 풀어놓는
붉은 물감

여인은 천의 얼굴 자연 속 적도에서
일순간 터져 나온 하늘 끝자락 환호성이
주홍빛
파도 소리를
둘둘 말아 껴안는다

길 위의 길

–천관산 휴양림

알지 못한 지명을 클릭하여 떠난다
무작정 떠나는 녹음의 집 가는 길에
저녁놀
인사하는 듯
내 가슴에 안겨 든다

산허리를 휘감아 도는 좁고 좁은 산길은
확 트인 풍광을
홍분으로 감싸 안아
사연에 내 가벼운 존재로 다시금 스며든다

눈길을 걱정하며 떠난 길은 눈도 없고
도로마저 한적하여 고즈넉이 에돌아서
무언가, 희망 한 줌에
새롭게 힐링된 날

욱

움푹 눈이 지친 듯이 안으로만 삭이는가
멀쑥한 머리카락 잠재우려 보는 허공
어둠 속
갇힌 정원은 오색 불빛 빛난다

날 선 바람 헐떡헐떡 못 가겠다 선언한다
왈가닥 뒤틀린 날, 라면 끓듯 부글부글
창밖의 보름달만큼
가슴에 그리는 원

허우적 허리를 펴도 체념에 달관한 듯
따스한 찻잔 속에 후드득 녹여버린다
해종일 참아왔는데
와카노?
뭐라꼬?

분천역

백두대간 한 자락에
환상선 눈꽃열차
서서히
출발하면서 깊은 협곡 들어선다
루돌프 저 이글루의 산타마을 간이역

가지와 가지를 바람이 보듬은 자리
일순간 안개 입자 동화나라 건설했네
하루를 쥐었다 펴며 되돌리려는
저 눈빛

생강나무꽃

앙다문 입술 열어
엷은 입김 내뿜으며
풋풋한 가지 끝에 얼굴 붉힌 꽃망울은
노을빛 서녘 하늘에
머리를 풀고 있다

아장아장 봄 기지개 구불텅길 에돌아서
겨우내 메마른 산 샛노란 진경산수화
가지에 부리 세운 새,
콕콕 쪼아 꽃을 연다

해돋이

발왕산 정상에서
여명이 기지개 켠다

남몰래 붉게 붉게
진통하는 하늘가에

함성 속
분만하면서
햇살로 인사한다

첫눈 오는 밤

어둠을 헤치고 찾아가는 통나무집
즐기다 늦어진 초행의 산속 길에
아득히 칠흑 같은 휴양림, 이정표가 헷갈렸다

늦은 밤 차창 밖엔 함박눈이 쌓이고
빽빽한 송림의 오두막집 다가서서
한 가족 불빛을 따라 하룻밤 둥지 튼다

오존으로 가득한 하루 눈에 덮인 공기 속에
아장아장 아기 걸음, 웃고 있는 눈사람이
달빛을 가득 담아 온 길 하나를 밝힌다

소요산 구름계단

생각은 멀어도 동행은 가까운 거리
청단풍 숲으로 발걸음 재촉하면
심장이 벌떡거린다
가슴은 고요하다

촉촉이 내리는 가랑비에 고삐 들고
숨 가쁜 호흡으로 가풀막을 헐떡여도
한나절 스쳐 지나는
구름 속 저 무리들

가파른 계단 오르다 오도카니 멈춰 서서
꽃망울 툭, 터지는 소리에 귀 쫑긋 세운다
하루를 열고 있는가?
초록빛 나뭇잎 밀고

꽃불

봄 햇살 아름 가득 앞섶에 그러안고
소나무 뒤에 숨은
수줍은 한 여인
내 곁에
다가와서는 핑크빛 그 윙크

계절과 계절 사이
아차산의 전령으로
산자락 잠자는 숲 계곡으로 달려간다
꼬부랑 산길 따라 뛴다,
불이야, 꽃불이야!

자국길

돌 틈새
물소리가 엇갈리는 화음으로

저 공명
흔들바람은 우듬지를 깨우고

고요한
하늘 언저리에서
산새들이 솟구친다

해거름 녘

한강이 굽이돌아 똬리 튼 해거름에
물비늘 털어내는 빛바랜 구름 속에
아득히 강둑 그 아래
제 몸 숨긴 그대

소슬바람 다가와서 창문을 보듬어도
꽃무릇 그리움이 입맞춤할 시간에
누군가
툭, 문을 열고 마실을 오려는가

당기고 늘리면서 최면을 걸면서도
짙고 얕은 세상 밖에 채색을 가해갈 때
오늘도 놀라운 위력에
여며드는 앙가슴

절, 눈뜨다

소리 없이 분주하다
눈 내린 오후 한때
무슨 일 생겼으면 내 머리에 스쳐오고
바람은 주춤거림 없이 고개를 넘어간다

두근대는 가슴으로
중앙선에 몸을 싣고
하늘 나는 기러기처럼
날개가 돋아나고
한 폭의 진경산수화 초점이 고정된다

빽빽한 송림은
나무마다 눈꽃 들고
저 이내 흩뿌려
달구어진 길을 열고
뎅그렁! 범종 소리가 용문사를 깨운다

바람개비

바다 내음 코끝 가득 노을 보는 저 해변
흔들리는 오뉴월 바람 따라 떠난 길은
에움길
갈매기 울음
가슴을 흔든다

수평선을 바라보며 파도 세워 속살 주며
갈증을 풀어내는 아득한 해조음 소리
언제고
바람개비처럼
꽃잎이 돌아간다

백만 송이 손짓으로 가슴을 비워내고
어느새 꽃이 되어 벌 나비 불러들여
저 정원
백합꽃 향연
향기 바람 돌려낸다

어느 하루

떡갈나무 윙 윙 윙
날개 끝을 털고 있다
멀리 보인
언 강물이 심장 고동 잠재우고
나 홀로 산길 밟으며 늦도록 서성인다

황소자리 이야기가
강물에 젖어들 때
생각은 버거운지 날개 접은 새 떼지만
산 저쪽
붉은 저녁답
산자락을 넘는다

두 네모

열 손가락 손톱 끝에

상상력을 키워도

오늘도 안주하도록

길들여져 순응하고

달빛이 엄습해와도

두려움과 춤을 춘다

돌아온 반사

녹물 든 펌프 샘이
우뚝 선 시골집 마당
물 받던 우물 터에 망초대만 무성하다
방향을 돌릴 수 있는 불사의 혼,
생명력

어머니 찍은 지문 물속 깊게 뿌리내려
활동사진 기억들이 하나 둘 표출되며
기우뚱 넘어진 서까래 디딤돌이 움직인다

대문에 재개발 딱지 빛바랜 변화 앞에
화물차 뒤꽁무니에 꽃처럼 피는 먼지
아득한 시조 한 수가
마중물로 솟는다

가을의 서시

붓 끝을 내려 긋듯 나뭇잎에 한 획 긋고
긴 팔에 가지런히 시 한 수 걸어두고
한 여인 가을날의 시화 중심축이 흔들린다

산 하나 태우는가? 햇볕 한 줌 이운 자리
색 바랜 시전지가 호숫가에 흩날릴 즈음
호젓이 바위 난간에 물안개 핥고 간다

절벽에 입맞춤하고 하늘 한편 나부껴도
어둠이 고요하게 다가서는 창문 틈에
엔터 키
두드리는 소리
푸른 별빛 껴안는다

4부

나사의 힘

소리가 불안하게 들려오는 소음인가
흔들림 속에서 더욱더 요란하다
삐그덕! 한쪽에 놓였던 균형 잃은 위치였다

생각은 무한하고 혼돈되는 동그라미 속에
조이면 되는 것을 조바심만 일으키는
구심력 잃게 하는 세상
저 작은 나사뿐인가

균형의 조화에서 불균형을 만드는 것
저 작은 몸짓이 작은 공간 맴돌아서
그 틈새
버팀목이 된, 시어詩語들의 춤사위

나뭇잎 줍기

가을이 앓고 있다, 긴 고랑 기침 소리
휴식을 푹, 취해도 핏줄이 돋아나고
아뿔싸 온몸 후들후들 휘청거리는 시간에

바람은 왜 이렇게 나무를 흔드는지
주스를 마시고 건강식을 먹으면서
해 질 녘 붉은 노을빛 가슴을 뒤흔든다

나선다, 모자 달린 두꺼운 옷을 입고서
지팡이에 마스크까지 완전무장 병사 같다
정수리 갈색 언어들 차곡차곡 쌓인다

창문을 넘는 놀

유효기간 살펴본다,
네댓 알의 알약이
뒷전에 숨죽이고 차곡차곡 쌓였어도
가끔은 내 주변 사물이 자욱하게 흐려진다

한때는
단숨에 차오르던 작은 능선
해종일 컴퓨터의 자판만 두드려도
공간에 버틴다는 것이 요란인가 고요인가

내일을 기다리며
참아내는 순간들은
공감하는 힘으로 서서히 확산되어
저녁놀
창문을 넘어 당신을 껴안는다

갓밝이

이명처럼 왱왱 소리
새벽이 오고 있나
커튼을 슬며시 걷고 저 창가에 앉아본다
어둠 속
텅 빈 하늘가에
포물선을 긋는다

자동차들 횃불 들고 어디로 달음질치나
긴 몸을 밤새 꼬며
붉은 강물 잠 못 들어도
새 소식 싣고 온 바람
대문 안에 눕는다

고요한 새벽녘에 광마우스 클릭 클릭
툭툭툭 자판 소리 모니터에 길을 내고
오늘도

하루를 열고
한강이 흘러간다

뒷걸음

궁금하면 손으로 터치하는 핸드폰
머리에 입력되는지 눈에 입력되는지
손가락 훈련된 것마저 하늘로 퍼진다

두뇌는 저 작은 기계에 구속되면서
발로 뛰는 자연보다 사진 속을 찾으며
멍멍히 바삐 움직이는 지식인의 하루하루

변하며 사는 것

소나기 퍼부은 후 맑아지는 하늘같이

변하는 것을 지켜봐
살아온 나날들을

휘감은
도가니 속에
하루를 다독인다

백캉스 가는 날

수은주가 40도를 오르내리는 날
폭염을 피하려고 짐을 꾸려 떠나면서
일순간 부자 된 즐거운 시간,
신선이 안 부럽다

점심 먹고 영화 보고 차 한잔에 남기는
오순도순 나누던 웃음의 보따리로
툭 꺼진 에어컨보다 하루가 시원하다

두 번 오는 하루는 없다

시곗바늘 돌리듯이 움직이는 바쁨 속에
생각의 숲을 한없이 걷는 때도 있으며
끝없이 보듬으면서
설렘에 타래 감는다

바람처럼 가볍고 불꽃같이 뜨겁게
아가의 웃음같이 아낌없이 주면서
즐겁게 살아가려는 맛깔스러운 나날들

이 순간
영원히 기억되고 싶어져도
밤하늘의 별들이 다르게 보이듯이
시간을 거스르면서 가치를 새겨본다

바람을 잡고

어둠을 비질한다, 말뚝잠 곤한 거리
콘크리트 찬 바닥에 얼굴을 비비면서
가로수 눈 이불 덮고 눈보라 현란하다

때로는 무관심이 삼각파도 세우고도
춤사위도 눈동자에 아무런 의미 없어
가족이 멀리 있으므로 내 안에 내가 있다

차가운 밤바람에 두 손을 호호 불고
외진 골목 서성인 시간을 밀고 끌며
오늘도 핼쑥한 하루, 바람이 길을 낸다

버릴수록 커지는 것을

구석구석 박혀 있는 손때 묻은 물건들이
언젠가 필요할까 아까워서 쟁여두고
공존 속,
저 가재도구 어지러운 순간이다

유행 지난 옷가지들 장롱 안에 줄 서 있고
낡은 우산, 숨어 있는 불필요한 가재도구
내 안에 자리 잡은 채 껴안고 지내왔다

버리고 또 버리고 새 단장 시킨 집 안에
창밖의 목련까지 배시시 실눈 뜨고
일순간 사각의 벽에
소실점을 찍는다

도심, 벗어나다

자궁 같은 꽃봉오리
진흙 속 연꽃 본다
비움과 채움의 생각으로 몰두해도
힘겨움
훌훌 털어버리고
탈출한 소음 공해

긴 여운을 남기고
직면하는 자유로움
가슴 깊이 외면하고 싶어도 다시 갈 곳
뜨거운
적막한 도시에
네온등이 산책한다

가을 남대천

눈시울 붉히면서 실타래 풀어내듯
강물을 거슬러서 지느러미 치는 물길
저 꽃물 물기둥 세워 넘지 못한 벽이 있다

뒤엉키고 나뒹구는 소용돌이 구렁에서
실핏줄에 자맥질하며 가쁜 숨 몰아쉬는
하늘을 받쳐 들고서 길을 내는 생의 벽

물소리 들으며 바다에 간 연어 떼가
어머니 자궁 같은 모천으로 가는 날에
하얗게 지우려 해도 검붉게 타는 길

분수처럼 떨어지는 물소리 머문 자리
한 보를 넘어서면 안태본에 가 닿을까
어머니 입가 이랑에 맺힌 울혈 벙근다

동지가 있는 달

안개 같고 구름같이 시간은 흘러가도
발소리 자박자박 환청으로 밀려와
함박눈 행위예술 속
제 몸은 풍선 된다

모든 것 제쳐둔 12월의 만남들이
흩어졌다 모여드는 새집의 둥지 같고
늦도록 왁자한 가족, 식지 않는 웃음꽃

깃털처럼 가벼워진 한 장의 달력마저
어둠 속 길을 내는 한 줄기 빛을 따라
긴 밤을
서릿발 위에 남긴 자국
저 지문

어머니 양분

팔순 백발에 허리를 쭉 펴시고 총총 오신다

어머니는 언제나 높은 구두 신으신다 밤마다 잠이 안 올 때 침대 모서리에서 발로 박수 치며 혼자서 노래도 부르시며 건강을 유지하시고, 새잎이 돋을 때마다 화초를 분양하신다 가을볕처럼 온화한 모습이 나의 머릿속 깊이 자리 잡으신 어머니,

6 · 25 전에 한 달 동안 어두운 밤에만 월남하시어 자유를 찾은 시간을 다 쌓아놓고도 어릴 적 그 동산이 얼마나 그리울까? 내 안에 양분으로 봉사의 싹 움트게 하신다

먼 하늘 구름 속을 돌아 휘어 오는 부메랑

보길네 연못 집

삼대가 살아왔던 도심의 한복판에
혼자서 살아가길 갈망하신 어머니가
기어코
굴레를 벗어나
자유를 찾는다

밤하늘
거문고 백조 별자리는 친구 되고
쓸쓸하면 소나무가 솔잎 향 한 줌 주는
가끔은 툇마루에 앉아 피어나는 차 한 잔

뜰 안의
연못 속은 부들이 우뚝 서서
하루를 즐기시며 손을 잡는 어머니
문패가 수호신인가, 대문 안 보길네 연못 집

어느 구멍가게

등 굽은 과자 봉지 유통기한 살았는지
희뿌연 먼지들이 자욱하게 쌓였어도
가끔씩 날아드는 파리
유일한 동무인가

한때는 덤도 주던 검버섯 핀 떨리는 손
해종일 텔레비전 혼자서 떠들든 말든
길 건너 공사 중인 마트
망치 소리 요란하다

깨알같이 적어놓은 빛바랜 외상 장부
이따금 비틀비틀 연필로 지운 이름
저녁놀 창문을 넘어와
아버지를 껴안는다

김치의 하루

오지 않는 당신을 기다리다 시르죽어
어느 해안 바닷바람 뒤따라서 상경했다
뿌린다, 신안 천일염 하얀 속살 비집고

손끝에 힘을 모아 무채가 쌓여가고
광천 그 새우젓과 버무린 배추소가
온 가족 감싸 안은 듯 흐뭇함이 가득하다

태양초 어머니는 그 빛마저 고우시고
올케 같은 육쪽마늘 혀끝을 휘감을 때
엽록소 제 몸을 살라 혈관에 스며든다

항아리 속 부글부글 끓어오른 시간 속에
동그란 두레상에 접시를 올려놓고
깍지 푼 아침노을이
지평선에 일어선다

혜화역

출렁대는 인파가 밀물같이 밀려와서
사당행 4호선 승강장이 왁자하다
일순간 열차 문이 열려
흡입하고 떠난 뒤에

텅 빈 역 어떤 노인이 혼자서 앉아 있다
날마다 같은 장소에 서성이는 할머니
동그란 플라스틱 바구니
동전 몇 닢 허전하다

털레기 효과

매서운 돌개바람 어둠을 끌고 갈 즈음
한구석 산재된 일,
텁텁하고 껄끄러운
세상을 털레기 국수로 버무리는 저녁 시간

평범한 이웃들의 화살 같은 눈빛도
밀물과 썰물처럼 한곳으로 모으며
툭, 툭, 툭,
털어 넣으면서
음과 양을 중화시킨다

| 해설 |

길을 내는 일, 혹은 생명의 길

황치복 문학평론가

1. 투사와 동화, 혹은 물활론 세계관

2005년《문학시대》를 통해 등단한 시인은 2012년 해남전국시조백일장에서 수상한 경력을 비롯하여 2015년과 2016년 〈중앙일보〉 시조백일장에 연속 입선하면서 시조에 대한 역량과 가능성을 선보인 바 있다. 또한 그동안 시인은 『들꽃들의 춤사위』(마을, 2005)와 『모르고 산다면』(이지출판, 2010)이라는 두 권의 시집을 상재했는데, 이번이 세 번째 시집이자 첫 시조집인 셈이다.

이번 시집에서 가장 주목되는 점은 자연에 대한 동화와 합일의 욕망이 시적 지향을 대변해주고 있다는 점이며, 그러한 충동이 시적 사색과 시 창작의 열정에 자양분을 제공하고 있다는 점이다. 여행과 산행, 혹은 산책과 관찰을 통해 자연의 생리와 의미를 통찰하고 그것을 시적 사색의 실마리로 하여 시조 작품을 창작한다는 점에서 정춘희 시인의 시조 창작은, 자연을 벗 삼아 주자학적 원리를 탐색하고 그것의 엄연한 이치가 생동하고 있음을 실증하고자 했던 고시조의 창작 작업과 닮아 있다. 하지만 고시조의 그것이 선험적인 이념이나 원리, 혹은 종교적 신념이나 세계관의 올바름을 자연에서 성찰하고 확인하기 위한 목적에서 추동되었다면, 정춘희 시인의 작시술은 오늘날의 현대사회에서 올바른 삶의 방법과 길을 찾기 위한 탐구에 경사되어 있다는 점에서 차이가 있다.

그러나 과거의 고시조와 정춘희 시인의 시조에서 공통점을 발견할 수 있는데, 그것은 자연이 근대적 코기토의 대상으로 정립되는 것이 아니라 자족적이고 인격적인 생명체, 혹은 서정적 자아와 하나가 되는 낭만주의적 자연관으로 접근할 수 있는 그러한 자연의 성격을 지니고 있다는 점이다. 하나의 생명체로서 자연은 스스로 생명의 의지로 움직이는 자율적 주체가 되는데, 그것은 항상 투사와 동화의 기법에 의해서 서정적 자아와 하나의 공동체적 관심을 지닌 공감共感, sympathy의 대상이 되는 셈이다. 물론 이러한 현상은 세계를 자아화하는 서정적 양식의 특성에 충실한 모습이지만, 정춘희 시인의 시적 상상력에서 자연은 나중에 시인의 시적 사유에서 매우 중요한 '길'의 이미지와 연결된다는 점에서 중요성을 지니고 있다. 먼저 유기체적인 공감의 자연관부터 살펴보자.

단풍은 숨이 찬지 가슴이 부셔온다
하늘의 시샘인지 가을비를 흩뿌리고
뒹구는 나뭇잎들로
온 산이 채색된다

걸음걸음 걸어온 길 얼비추는 햇살 안고
아삭대는 나뭇잎 밟고 전율을 감싸 안아
계절 속 황홀한 울림
바위가 눈을 뜬다
—「바위가 눈 뜨다」 전문

시적 공간에 등장하는 모든 사물이 각각 독립된 개별체이자 인격적 주체로서 살아서 꿈틀거리고 있다. 가을날의 숲이라는 배경에 참여하고 있는 단풍은 숨이 차서 가슴이 강렬한 색채로 물들고 있으며, 하늘은 시샘을 해서 가을비를 흩뿌린다. 뒹구는 나뭇잎들은 온 산을 물들이는데, 이는 자발적인 행동이라 할 수 있다. 또한 햇살은 자신의 길을 묵묵히 걸어가고 나뭇잎은 바람이 불면서 바스락거리는 소리를 낸다.

결국 이러한 가을날의 숲은 살아서 꿈틀거리며 가을날에 걸맞은 생리를 보여주고 있는데, 단풍이나 하늘, 나뭇잎이나 햇살은 모두 생명과 감정을 가지고 있는 것처럼 행동하고 있다. 서정적 자아는 이러한 가을날 숲의 정경을 "전율"이라든가 "황홀한 울림"이라고 표현하며, 그것이 어떤 놀라움과 경이로움을 선사하고 있음을 암시한다. 그리고 그러한 경이와 놀라움의 가장 결정적인 장면은 이러한 가을의 소란스러움으로 인해서 "바위가 눈을 뜬다"는 점이다. 바위가 눈을 뜬다는 발상은 물론 과장임에 틀림없지만, 술렁거리는 숲의 움직임에 동화되어 바위조차 그러한 자연의 향연에 동참하고자 하는 의지를 읽어내고 있다는 점에서 시적 설득력을 지닌다.

흩날리며 내려오는
산봉우리 는개 무리
뚝 떨어진
도토리가 목욕이라도 한 듯이
계곡은 자맥질하듯
맥박이 뛰고 있다

발아래 나뭇잎이
저 혼자서 어둠 속에
비에 젖는 나뭇가지 온몸을 씻은 뒤에
나뭇잎
휘파람 불며
산자락을 태운다
—「가랑비 산을 태우다」 전문

한 폭의 동양적 산수화를 보는 듯한 자연의 모습을 묘사하고 있다. 산봉우리에는 자욱한 는개 무리가 감싸고, 계곡은 물소리가 심장 뛰는 소리처럼 울리며 팔딱거린다. 그 계곡으로는 "뚝 떨어진/ 도토리"가 새로운 생명을 예고하고 있다. 또한 가랑비가 내린 후 나뭇잎과 나뭇가지는 씻은 듯이 맑은데, 가을의 단풍잎들이 산자락을 물들이며 점차 그 영역을 넓혀가고 있다. 계절적 배경이 가을임에도 불구하고, 이 시에 그려진 산의 모습은 꿈틀거리고 움직이며 살아 있는 듯한 역동성을 보여주고 있다. 하지만 여기에 어떤 인위적인 흔적은 개입하지 않는다. 말 그대로 스스로 그러한 모습으로서 자족적이고 충만한 자연自然의 모습을 보일 뿐이다.

줄을 세워 으쓱댄다, 구겨질까 걱정하며
누군가 만나려는 가슴 뛰는 시간에도
화려한
핑크빛 꽃잎
수줍어 구겨진 앞섶

하늘과 소통하는 아득한 소실점 하나
꽃술을 밀어내는 목이 타는 붉은 매화
수줍은
붉은 저 소녀
입술이 타고 있다
—「매화, 다림질하다」 전문

봄의 전령사 매화를 주제로 자신의 마음을 투사投射한 작품이다. 봄의 설레는 마음을 어린 소녀에 비유하며 절묘하게 살려내고 있다. “줄을 세워 으쓱댄다”와 “수줍어 구겨진 앞섶”이라는 구절은 대구를 이루는데, 누군가를 만나기 전에 부풀어 오른 충만한 기대감과 좋아하는 사람을 앞에 두고 느껴지는 망설임과 불안감 등의 심리적 상태가 빳빳함과 구겨짐의 대비를 통해서 적절하게 살아나고 있다.

둘째 수에서는 매화를 하늘 한가운데 소실점으로 초점화하고 “수줍은/ 붉은 저 소녀”라는 은유를 통해서 인격화하고 있다. “목이 타는 붉은 매화”라든가 “입술이 타고 있다”라는 구절을 통해서 젊은 시절에 겪을 만한 막연한 그리움과 주체할 수 없는 열정 등을 실감 나게 그려냈다. 이러한 묘사들은 젊은 날의 열정과 탄력, 긴장감 등을 함축하고 있는 “매화, 다림질하다”라는 제목과도 적절히 결합하여 시적 효과를 극대화하고 있다. 이 시조 작품은 투사의 동일화 방식을 사용해서 젊은 날의 설렘과 그리움, 열정과 에너지가 충만한 시절에 대한 아쉬움을 살려내고 있다고 할 수 있는데, 그렇기 때문에 이 작품은 매화와 서정적 자아의 교감과 동화가 실현된 작품이라 평가할 만하다.

앙다문 입술 열어
엷은 입김 내뿜으며
푸릇한 가지 끝에 얼굴 붉힌 꽃망울은
노을빛 서녘 하늘에
머리를 풀고 있다

아장아장 봄 기지개 구불텅길 에돌아서
겨우내 메마른 산 샛노란 진경산수화
가지에 부리 세운 새,
콕콕 쪼아 꽃을 연다
—「생강나무꽃」 전문

"앙다문 입술"이라든가 "얼굴 붉힌 꽃망울", "머리를 풀고 있다" 등의 구절은 생강나무꽃의 다양한 인격적 성격을 함축한 표현들이다. 봄을 맞이한 생강나무꽃은 하나의 인격체처럼 "입김"을 "내뿜"기도 하고, "얼굴"을 "붉"히기도 하며, "머리를 풀"거나 "기지개"를 켜는 등의 활동을 통해서 봄의 활력을 대변해준다. 하지만 가장 중요한 것은 이러한 생강나무꽃과 새의 교감이라고 할 수 있는데, 그처럼 꿈틀거리는 생강나무의 가지를 "부리 세운 새"가 "콕콕 쪼아"서 "꽃을" 열고 있다.

이처럼 여린 "생강나무꽃"과 "부리 세운 새"의 교감은 생명 탄생의 지난하고 위대한 순간을 말해주는 '줄탁동시啐啄同時'라는 한자 성어를 연상시킨다. 잘 알려져 있듯이 '줄啐'이란 닭이 알을 깔 때 알 속 병아리가 껍질을 깨뜨리고 나오기 위해 껍질 안에서 쪼는 것을 말하고, '탁啄'이란 어미 닭이 밖에서 쪼아 깨뜨리는 것을 말한다. 그러니까 병아리가 알을 깨고 태어나기 위해서는 안에서의 노력과 밖에서의 자극이 함께해야 함을 강조하는 말인데, 흔히 생명 탄생의 신비와 깨달음의 어려움을 표현하기 위한 용어로 사용된다. 이 시에서 묘사된 정황을 보면, 생강나무가 "앙다문 입술 열"고 "머리를 풀"며 "기지개"를 켜는 행동들은 내적인 의지로서의 줄啐이라 할 수 있고, "부리 세운 새"가 "콕콕 쪼"는 행동은 바로 외부적 도움과 호응으로서의 탁啄이라 할 수 있다. 이 작품은 "생강나무꽃"과 "부리 세운 새"의 교감을 통해서 자연이 만들어내는 하나의 아름다운 화음和音을 음미하도록 하고 있다.

2. 자연의 길, 생명의 길

지금까지 정춘희 시인의 시조 작품이 포착한 유기체적인 자연의 모습을 살펴본바, 자연이 하나의 생명처럼 간주되고 있다는 점, 그들은 생명체들이 하나의 고리를 이루어 생태계를 이루듯이 서로 연결되어 있으며 교감하고 있다는 것, 그리고 그러한 교감과 공감이 아름다운 화음을 생성하고 있음을 알 수 있었다. 또한 이러한 화음에는 인간도 하나의 존재자로서 참여하고 있으며, 인간 또한 인격체인 자연과 서로 공감을 형성하면서 자연의 일부로서 조화를 이루고 있음을 알 수 있었다. 그런데 정춘희 시인의 자연이 우리의 삶과 직접적으로 관련되어 중요한 가치를 지니는 것은 그것이 대부분 어떤 '길'을 내거나 가리키는 지표로서 작용한다는 점이다. 정춘희 시인의 시조 작품 속에서 자연과 길이 어떻게 연관되어 있으며, 그 길의 내포적 의미가 무엇인지에 대해서 주목해야 할 이유가 여기에 있다.

> 땀에 젖은 몸이라도 발뒤꿈치 가벼워
> 인기척 없는 숲에 날아든 새 한 마리

물안개 자오록한 아침
나뭇가지에 앉아 있다

어느새 먹구름이 폭우로 바뀌면서
일순간 절벽에서 내려 미는 황토 물줄기
조용한 산문을 열고
길 하나 내는 건가

내리막길 도랑 이뤄 물길 하나 또 생기고
물먹은 나뭇잎이 함초롬히 햇살 한입
지상의 때를 벗긴 소나기
하늘 문이 열린다

—「폭우, 문 열다」 전문

여름날 폭우가 쏟아진 숲의 풍경을 묘사하고 있는 시다. 폭우가 쏟아지는 풍경을 묘사하면서 그것을 '길'과 연관시킨다는 점에서 시인의 개성적인 상상력을 발견할 수 있다. 폭우를 묘사하면서 그것을 길과 연결시키는 것은 일반적인 발상법이라 하기 어렵기 때문이다. 그런데 이 시조의 첫째 수에서는 관심의 초점이 "새"에 모아져 있는데, 그것이 폭우라든가 길의 이미지와 연관성이 모호하기에 시적 구조가 허술한 것이 아닌가 하는 생각이 들기도 한다. 그러나 뒤에서 살펴보겠지만, 정춘희 시인의 시조 작품에서 '새'의 이미지는 대부분 '길'의 이미지와 연관되어 있다는 점에 주목할 필요가 있다. 이 작품에서 첫째 수에 "새"가 등장하고 둘째 수와 셋째 수에 "길"의 이미지가 등장하는 것은 우연이 아니며, 특히 셋째 수에서 그 "길"의 이미지가 "문"과 연결되는 장면에 주의해야 한다. "하늘 문이 열린다"라는 표현은 곧 새가 날아갈 길이 열린다는 의미로 해석되기 때문이다. 그러니까 "폭우"는 "문"을 여는 계기라는 점에서 중요한 사건이며, 문을 연다는 것은 하늘에 길을 내는 것과 다르지 않은 셈이다. 그런데 이 시조의 작품을 자세히 살펴보면, "폭우"는 이처럼 하늘에만 길을 내는 것은 아니다. "조용한 산문을 열고/ 길 하나 내는 건가"라는 구절이나 "내리막길 도랑 이뤄 물길 하나 또 생기고"라는 구절을 보면, "폭우"는 '산길'과 "물길"도 함께 내고 있다. 즉, "폭우"는 하늘에 길을 내고 산에 길을 내며 물에도 길을 내는 셈인데, 이처럼 하늘 길과 숲길, 물길 등의 길을 내는 것이기에 "폭우"는 시인에게 매우 중요하고 가치 있는 사건이라고 할 수 있다. 정춘희 시인의 시조 작품 중에서 '길'과 관련된 시편들은 쉽게 찾을 수 있다.

낙엽 쌓인 골짜기에 눈은 간곳없이
봄 햇살 밀고 온 바람 바스락 길을 열고
발밑의 뒤꿈치 딛는 소리도
가벼운 내 발걸음
—「3월에 빠지다」 부분

아침 창 활짝 열고 둑 위로 길을 낸다
일렁이는 물비늘 위 빛바랜 구름 세워
꿈틀댄 계절 그 안쪽 묵은 옷을 벗긴다
—「봄의 소리」 부분

고요한 새벽녘에 광마우스 클릭 클릭
툭툭툭 자판 소리 모니터에 길을 내고
오늘도
하루를 열고
한강이 흘러간다
—「갓밝이」 부분

「3월에 빠지다」에서는 "봄 햇살 밀고 온 바람"이 "길을 열고" 있다. 봄바람이 열어가는 길이란 훈풍으로 동토凍土를 녹이고 생명의 싹을 틔우는 길로서 초록 융단을 깔아가는 길이라고 할 수 있다. 이어지는 "발밑의 뒤꿈치 딛는 소리도/ 가벼운 내 발걸음"이라는 표현을 보더라도 그 길이란 만물이 소생하는 봄의 길, 즉 생명이 눈을 뜨는 잉태와 발아와 개화의 길이라고 할 수 있다. 그것은 피어오르고 상승하고 벌어지는 길이기도 하기에 내딛는 발걸음은 가벼울 수밖에 없기 때문이다.

「봄의 소리」에도 역시 길이 등장하는데, 그것은 "둑 위로" 난 길이다. 길옆에는 "일렁이는 물비늘"이 있고, 위로는 "빛바랜 구름"이 떠 있다. 그 구름은 비를 뿌려서 계절을 꿈틀거리게 하고, 계절 안쪽의 "묵은 옷을 벗긴다". 구름이 비를 뿌려 계절 안쪽의 묵은 옷이 벗겨지면 새로운 옷이 펼쳐질 것인데, 새로운 옷이란 역시 초록으로 된 생명의 향연일 수밖에 없다. 그러니까 둑 위로 난 길은 생명으로 향하는 길이며, 길옆으로는 무수한 생명의 현상을 거느린 그러한 길인 셈이다.

「갓밝이」에서는 새벽녘 광마우스의 "클릭 클릭" 하는 소리와 "툭툭툭" 하는 자판 소리가 "모니터에 길을 내고"

있다. 그 길은 "하루를 열고", "한강이 흘러"가도록 한다. 새벽 동이 틀 무렵의 희끄무레한 상태, 혹은 여명黎明을 지칭하는 말이 '갓밝이'라는 점을 생각해보면, 서정적 자아가 클릭과 타이핑을 통해서 모니터에 길을 내는 작업은 어둠을 밝히고 새벽을 환하게 여는 작업이기도 하고, 그래서 삼라만상이 꿈틀거리고 역사가 흐르게 하는 일이기도 하다.

이처럼 정춘희 시인의 시조 작품에서 자연과 관련된 작품들이 많은 부분 '길'과 연결되고, '길'의 이미지는 무엇인가를 열고 벗기는 사건과 관련되어 있으며, 그 결과는 어둠이 부정되고 환한 여명으로 귀결되며, 또한 추위로 언 동토가 부정되고 풀리고 녹아서 생명이 잉태되고 발아되는 결과로 귀결되고 있음을 확인할 수 있다. 생명에 부정적인 요소들을 극복하고 생명이 펼쳐질 수 있는 환경과 조건을 만들어내는 것이 곧 "길을 내"는 작업인 셈이다. 그런데 앞에서도 언급했지만, 정춘희 시인의 상상력에서 길을 내는 존재 중에 가장 중요한 것은 '새'라는 동물이다.

> 어둑새벽 빗장 열고, 아침을 몰고 온다
> 한 줄 빛이

높은 벽을 한순간에 밀어내고
끝끝내
새벽 별 하나,
하늘가에 서성인다

상사화가 군무하듯
해바라기 손짓하듯
좌심실 우심실을 해종일 오고 갈 때
전율로
옷깃 여미는
새 한 마리 강을 따르고

햇볕 저리 깃을 세워 여울을 잠재운다
물이랑 금빛 찰랑 길을 내는 여인이
초록 눈
어둠을 열고
저녁놀 몰고 간다

—「새, 길 내다」 전문

제목에서 알 수 있듯이, "새"란 "길을 내는" 주체로서 매우 가치 있고 특별한 존재다. 그런데 여기서 길은 어둠을 물리치고 새벽을 여는 것이 아니라, 어둠 속으로 내는 길이라는 점에서 특징이 있다. 시인은 새와 관련된 다른 시편에서도 "설렘도 멀어지고 어둠이 떨어지면/ 가로등 저 불빛도 가위로 뚝, 자르고 싶다/ 강 건너 하얀 물안개 밀고/ 바람 안고 길을 묻는다"(「새의 길」)라고 하면서 새가 밤의 물안개 사이로 바람을 안고서 길을 내는 모습을 묘사하고 있다. 어둠 속으로 길을 낸다는 것은 무슨 의미일까?

시상의 전개를 보면, "어둑새벽"은 "아침을 몰고" 오고, "한 줄 빛이/ 높은 벽을 한순간에 밀어내"면 어둠은 물러난다. 햇빛이 하루 종일 심장이 고동치듯이 우주를 운행하고 나면 "새 한 마리"는 강을 따라 날고, 또 그 새는 "물이랑 금빛 찰랑"거리는 "길을 내"어 "어둠을 열고/ 저녁놀 몰고 간다". 새가 내는 어둠의 길이란 곧 휴식과 몽상의 길이기도 하지만, 새로운 새벽을 열기 위한 어떤 잉태의 길이기도 하다. 그리고 궁극적으로 새가 내는 길이란 자연의 순환 원리를 충실히 따르는 길, 즉 우주의 운행 원리를 실천하는 이법과 이치로서의 길인 셈이다. 삼라만상이 운행하는 길, 혹은 자연의 순환적 원리를 실현하는 길이기에 그것은 아름다운 우주율宇宙律로서의 화음일 수 있다.

돌 틈새
물소리가 엇갈리는 화음으로

저 공명
흔들바람은 우듬지를 깨우고

고요한
하늘 언저리에서
산새들이 솟구친다
—「자국길」 전문

자국길이란 오가는 사람이 드물어 흔적이 날 듯 말 듯 한 오솔길을 말한다. 이 시조 작품에서 "자국길"이란 "고요한/ 하늘 언저리에서/ 산새들이 솟구친다"라는 대목에서 알 수 있듯이, 하늘 언저리에 산새들이 솟구쳐 낸 길이다. 혹은 다른 시각에서 보면 좀 더 복잡한 길인데, 그것은 "물소리"와 "흔들바람"과 "산새"들이 서로 연합해서 만들어낸 희미한 길이기도 하다.

"돌 틈새"를 흐르던 "물소리"는 소리를 내고, "흔들바람"은 그 소리에 공명을 하며 "우듬지를 깨"운다. 그리고 "고요한/ 하늘 언저리에서"는 "산새들이 솟구"쳐서 길을 만든다. 그러니까 이처럼 돌 틈새의 물소리가 흔들바람과 연결되고, 흔들바람은 우듬지를 깨워 산새들을 솟구치게 하는 그러한 연쇄 과정이 하나의 "자국길"이라고 할 수 있다. 시인은 이러한 과정을 아우르는 단어로 "화음"이라는 용어를 제시하고 있다. 사실 화음이란 이 시에서 "돌 틈새"를 흐르는 "물소리"가 형성하는 것이 아니라, 그 "물소리"와 "흔들바람"과 "우듬지"와 "산새"들이 서로 공감하고 공명해서 생성해낸 조화로운 음악이라고 할 수 있다. 정춘희 시인이 자연에서 발견할 길들, 즉 생명의 잉태와 발아의 길, 혹은 다양한 존재자들이 서로 화합하여 형성하는 아름다운 음악으로서 화음의 길은 매우 아름답고 그윽하기까지 하다. 여기에 하나의 길을 추구한다면 근원으로 향하는 길이 있다.

> 눈시울 붉히면서 실타래 풀어내듯
> 강물을 거슬러서 지느러미 치는 물길
> 저 꽃물 물기둥 세워 넘지 못한 벽이 있다

뒤엉키고 나뒹구는 소용돌이 구렁에서
실핏줄에 자맥질하며 가쁜 숨 몰아쉬는
하늘을 받쳐 들고서 길을 내는 생의 벽

물소리 들으며 바다에 간 연어 떼가
어머니 자궁 같은 모천으로 가는 날에
하얗게 지우려 해도 검붉게 타는 길

분수처럼 떨어지는 물소리 머문 자리
한 보를 넘어서면 안태본에 가 닿을까
어머니 입가 이랑에 맺힌 울혈 벙근다

—「가을 남대천」 전문

가을날 "연어 떼"가 만들어내는 길은 "강물을 거슬러서" 올라가는 길이라는 점에서 시련과 고난을 함축하고 있다. "넘지 못한 벽"이라든가 "뒤엉키고 나뒹구는 소용돌이 구렁", 그리고 "가쁜 숨 몰아쉬는" 등의 구절들이 그처럼 거슬러 올라가는 길이 수월하지 않다는 것을 암시한다. 하지만 "하늘을 받쳐 들고서 길을 내는 생의 벽"과 "하얗게 지우려 해도 검붉게 타는 길"이라는 대목을 보면, 그 길이 매우 험난하고 고통스러운 길일지라도 가치 있고 도전할 만한 길이라는 것을 알 수 있다.

그 길의 성격은 어렵지 않게 파악되는데, "어머니 자궁 같은 모천으로 가는 날"이라든가 "한 보를 넘어서면 안태본에 가 닿을까"라는 구절을 보면 그것이 태생의 원천, 곧 시원과 근원에 이르는 길이라는 것이 드러난다. "안태본"이라는 시어에 주목해보면, 그곳은 아버지의 아버지, 그 아버지의 아버지 때부터 살아온 고향으로서, 조상들이 발원한 곳, 존재자들의 근원적인 유전자가 만들어진 곳이라는 점에서 신성한 성격을 지닌다. 정춘희 시인이 자연 탐색을 통해서 만들어낸 생명의 길, 우주의 운행 원리로서 이법의 길, 그리고 아름다운 음악으로서 화음의 길, 시원을 향한 복향으로의 길 등은 자연에서 길어 올릴 수 있는 매우 값지고 심오한 것임에 틀림없고, 그 시적 사유가 도달한 하나의 정점임에 틀림없다. 이러한 자연의 길들은 생명의 길로서 인간이 처한 실존적 삶에 대한 하나의 대안이자 지침으로서 역할을 한다는 점에서 그 의의를 발견할 수 있다.

3. 도시적 공간, 혹은 실존적 인간의 고독

지금까지 우리는 정춘희 시인이 자연에 대한 상상력을 통해서 도달한 인격적이고 유기체적인 자연과 공감과 교감으로서의 자연의 모습을 점검했으며, 자연이 제시하는 다양한 길들의 함의에 대해서 분석해보았다. 가히 자연의 시인이라고 할 수 있을 정도로 자연에서 시적 상상력을 길어 올리고 있는 시인이 정춘희 시인이지만, 시집 후반부에는 다양한 삶의 모습과 서민들의 생활상이 포착되어 있다. 그러나 도시 속에서 이루어지는 이러한 현대인의 일상들은 대부분 결핍과 결여, 몰락과 조락의 이미지를 지니고 있다는 점에서 긍정적이지 못하다. 앞서 제시한 자연의 이미지와 자연이 암시하는 길의 이미지는 이러한 도시 생활에 대한 하나의 대안으로서 우뚝 서 있는 것이다.

한가한 지하철 안 여유롭게 앉은 사내
듬성 난 머리카락 제자리 잡지 못해
하얗게 비어져 있는
정수리가 훤하다

무심코 유리창에 그림 한 폭 그리는데
눈을 감고 헤매는 사람과 사람 사이
정류장 지나쳐 버려
조바심에 울컥한다

약속된 시간까지 놓친 그 순간에
화들짝 저 혼자 식은땀 나는 오후에
계절이 지나버리듯
세월이 지는 소리
─「초침 소리」 전문

자연을 벗어나 도시에 들어오자 "초침 소리"가 들린다. "초침 소리"는 인간의 실존적 조건으로서 시간이라는 계기를 상기시키며, 시간의 한정성이라는 속성과 결부되어 있는 초조함과 불안감이라는 심리적 기제를 생성한다. 이 시조 작품의 시적 공간에 등장하는 다양한 모티프나 이미지들은 모두 시간의 파괴 작용과 그것에 대한 강박관념을 함축하고 있다.

먼저 "듬성 난 머리카락"이라든가 '훤한 정수리' 등은 시간의 파괴 작용에 의해 황폐해진 육체의 일그러짐을 내

포한다. 특히 "하얗게 비어져 있는"이라는 구절은 그러한 파괴 작용으로 인해서 느끼게 되는 공허감 또는 허탈감 등의 심리적 정황들을 암시해준다. 둘째 수에서 "정류장 지나쳐 버려/ 조바심에 울컥한다"라는 구절도 세월이 망가뜨려놓은 기억력과 주의력을 상기시키며, 그로 인해서 느끼게 되는 초조함과 조바심, 그리고 불안감과 안타까움 등의 심리적 기제를 내포하고 있다. 셋째 수에서는 제목인 "초침 소리"가 "계절이 지나버리듯/ 세월이 지는 소리"로 구체적으로 비유되고 있는데, 여기에 등장하는 '놓치다'라든가 '식은땀', 혹은 '지나버리다', '지다' 등의 시어들이 시간의 파괴 작용에 의해 입게 되는 심리적인 박탈감과 내상을 대변해주고 있다. 결국 이 시에서는 도시적 일상을 살아가는 사람들이 느낄 수밖에 없는 시간에 대한 강박관념, 그리고 파괴와 죽음으로 향하는 실존적 시간관념에 붙들려 시달리고 괴로워하는 모습을 보이고 있는데, 자연에 대한 묘사에서는 이러한 파괴적이고 몰락하는 모습을 발견하기 어렵다는 점에서 대조를 이룬다. 다음 작품도 도시인의 일상이 지닌 황폐함을 여실히 보여준다.

궁금하면 손으로 터치하는 핸드폰

머리에 입력되는지 눈에 입력되는지
손가락 훈련된 것마저 하늘로 퍼진다

두뇌는 저 작은 기계에 구속되면서
발로 뛰는 자연보다 사진 속을 찾으며
멍멍히 바삐 움직이는 지식인의 하루하루
—「뒷걸음」 전문

"뒷걸음"이라는 제목이 매우 상징적이다. 도시인의 삶은 지식인의 삶에 적합한 곳인지 모른다. 현대적 관점에서 자연에 비해 도시야말로 첨단 장비와 첨단의 지식들이 활용되고 양산되는 곳이기 때문이다. 도시적 공간에서 그 지식의 창출과 소비를 "핸드폰"이 대변해준다. 하지만 그러한 지식들은 우리의 두뇌와 몸의 습관으로 축적되어서 삶의 올바른 행로와 풍요로움을 위해서 활용되는 것이 아니라, 일회적인 호기심과 필요를 충족하고 사라져버린다. 현대 도시의 지식이 지닌 그러한 휘발성을 서정적 자아는 "하늘로 퍼진다"라는 구절을 통해서 암시하고 있다.

둘째 수에서는 기존의 문제의식에서 한 발짝 더 나아가 두뇌가 만들어낸 그것, 즉 활용해야 할 도구에 불과한 핸드폰에 오히려 두뇌가 구속되는 아이러니한 상황을 언급한다. "멍멍히 바삐 움직이는 지식인의 하루하루"라고 묘사하면서 도시에서 살아가는 지식인에 대해서 신랄한 비판과 풍자를 가하고 있다. 시적 논리에 의하면 결국 이러한 도시 지식인의 삶은 오히려 이전의 삶의 방식으로부터 "뒷걸음"질 친 것으로 간주되는데, 그 이전의 삶의 방식으로는 자연의 길을 걸으며 사는 삶을 생각해볼 수 있겠다. 실제로 둘째 수 중장에서 "발로 뛰는 자연보다 사진 속을 찾으며"라고 표현하며 도시적 지식인의 삶과 자연의 삶을 비교하고 있다. 자연적 삶이란 발로 뛰기에 사물과 존재자들을 직접 경험하지만 지식인의 삶은 인위적인 사진으로 지식을 축적하기에 거기에는 실감과 구체성이 부족하다. 서정적 자아는 그렇기 때문에 자연과 멀어진 현대인의 삶이 "뒷걸음"에 해당한다고 진단한 것이다. 이러한 도시에도 '길'이 없는 것은 아니다. 하지만 그 길은 풍요와 생명의 길이기보다는 빈곤과 쇠락의 길이라는 점에서 차이가 있다.

어둠을 비질한다, 말뚝잠 곤한 거리
콘크리트 찬 바닥에 얼굴을 비비면서

가로수 눈 이불 덮고 눈보라 현란하다

때로는 무관심이 삼각파도 세우고도
춤사위도 눈동자에 아무런 의미 없어
가족이 멀리 있으므로 내 안에 내가 있다

차가운 밤바람에 두 손을 호호 불고
외진 골목 서성인 시간을 밀고 끌며
오늘도 핼쑥한 하루, 바람이 길을 낸다
—「바람을 잡고」 전문

"어둠"이라든가 "말뚝잠"이라는 어휘들이, 굳이 "곤한 거리"라고 확인해주지 않아도 신산한 도시의 풍경을 환기한다. 이어지는 "콘크리트 찬 바닥"이라든가 "눈보라 현란하다"라는 구절들도 도시적 공간의 차갑고 황량한 모습을 적절히 부조한다. 이러한 도시의 살풍경하고 을씨년스러운 정경에서 이루어지는 삶의 태도들은 어떤가? "때로는 무관심이 삼각파도 세우"기도 하고, "가족이 멀리 있으므로" 개인들은 항상 자신의 내면으로만 침잠한다. 고독하고 고립된 개체로서 단독자로서의 삶을 영위하고 있는 것이다.

이러한 도시 공간에서 시간은 “외진 골목”만을 “서성인”다. 도시 공간에서 시간이 외진 골목만을 서성인다는 것은 소외된 시간의 양상을 암시하는데, 도시의 대로에는 휘황찬란한 불빛과 속도 붙은 자동차의 질주로 인해서 시간이 틈입할 여지가 없다. 그래서 시간은 외진 골목에서만 서성이게 되는 것이다. “바람”은 이 “시간을 밀고 끌며”, “핼쑥한 하루”의 “길을 낸다”. 이때 도시의 길도 자연의 길처럼 길이기는 하지만, 그것은 자연의 길과 달리 핼쑥한 성격을 지니고 외진 골목의 시간을 활용하여 생성된다는 점에서 차이점을 가진다. 자연의 길과 달리 도시의 길은 인위적인 길이라는 점에서 부자연스럽고, 항상 가건물처럼 항구적이지 못하고 임시방편의 처방 같은 성격을 지니며, 삭막하고 황량한 공간에서 겨우 그 틈을 비집고 나 있다는 점에서 소멸과 전략의 위협에 처에 있는 셈이다. 시인은 이러한 상황에 대응하여 도시의 길을 지켜낼 방안으로 나약하기는 하지만 “시어들의 춤사위”를 제시한다.

소리가 불안하게 들려오는 소음인가
흔들림 속에서 더욱더 요란하다
삐그덕! 한쪽에 놓였던 균형 잃은 위치였다

생각은 무한하고 혼돈되는 동그라미 속에
조이면 되는 것을 조바심만 일으키는
구심력 잃게 하는 세상
저 작은 나사뿐인가

균형의 조화에서 불균형을 만드는 것
저 작은 몸짓이 작은 공간 맴돌아서
그 틈새
버팀목이 된, 시어詩語들의 춤사위
—「나사의 힘」 전문

'불안한 소리' 및 "소음" 등의 시어들이 이 시의 시적 공간이 도시적 공간임을 암시한다. "흔들림"이나 '균형의 상실' 등의 구절들 또한 자연의 조화와 달리 위태롭고 기형적인 삶을 강요하는 도시적 생리에 대한 속성들을 표상한다. 기계문명이 구축한 도시적 생태계란 곧 코기토의 산물이다. 이성적 도구의 도움 없이 그 생태계에서 생존할 수 없기에 "생각은 무한"할 수밖에 없으며, 생각이 무한하기에 질서와 균형이 회복되기는커녕 "혼돈"과 "조바심"만 증폭

된다. 그리고 그 생각이라는 것도 대상을 향한 것이기에 항상 외부를 지향하는데, 외부를 향하는 생각이라는 운동은 자아와 본성을 향한 성찰이기보다는 도구적 대상을 향하는 것이어서 원심력적인 속성을 지닐 수밖에 없다.

그러니까 이러한 원심력적 사유와 관심만을 강요하는 도시적 삶을 치유하려면 구심력을 회복하여 관심과 사유의 대상을 안으로 향해야 한다. 곧 자신이 처한 삶의 조건과 삶의 방식에 대한 반성과 성찰이 필요한 것이다. 시적 화자는 그러한 역할을 할 수 있는 것으로 "나사"를 제시하고, 그것의 심층적 의미로 "시어들의 춤사위"를 덧씌운다. 나사는 헐렁해진 조직이나 구조를 단단하게 조여서 안정되게 만든다는 점에서 구심적 힘이라고 할 수 있으며, 우리의 사유와 삶에서 그러한 역할을 시적 언어들이 할 수 있다는 것이다. 그런데 나사와 시적 언어의 역할을 왜 "균형의 조화에서 불균형을 만드는 것"이라고 했을까? 아마도 그것은 근대적 사유와 언어가 지닌 합리성과 계산 가능성이 지닌 불모성, 그리고 창조적 능력의 한계를 지적하고자 한 것이 아닐까? 그렇건 그렇지 않건 간에 시적 화자가 강조하는 "시어들의 춤사위"란 곧 공감과 교감의 자연, 그리고 생명과 이법과 시원을 향한 자연의 '길'을 함축하고 있음에 틀림없다.

4. 인간과 자연의 새로운 길을 위해서

정춘희 시인의 시조 작품들은 서경시적인 특징을 지니고 있으며, 그만큼 자연적 정황에 대한 묘사가 주조를 이루고 있다. 물론 거기에 인간적인 정서가 농밀하게 스며들어 인격화된 유기체적 성격을 지니고 있지만, 삶에 대한 깊이 있는 성찰과 이치에 대한 통찰이 없는 자연 묘사는 현대의 독자들에게 크게 공감을 얻기 어려울지 모른다. 자연이 생성하고 가리키고 있는 '길'에 대한 발견과 통찰은 매우 소중하고 가치 있는 작업임은 분명하다. 잉태와 발아를 향해 나아가는 생명의 길, 우주의 운행 원리를 함축하는 이법의 길, 그리고 존재자의 근원과 시원을 향한 길들은 자연에 대한 상상력과 성찰을 통해 길어 올린 유의미한 해석이며 비전이라고 할 만하다. 하지만 그처럼 자연에 대한 원론적이고 사색적인 성찰이, 다면적이고 복잡한 현대인들에게 과연 얼마나 어필될는지도 의문이다. 마지막으로 도시적 삶의 공간과 삶의 방식에 대한 성찰은 매우 풍자적이고 비판적인 관점에서 날카로운 접근을 하고 있기는 하지만, 현대인들이 일상적으로 느끼는 공허감과 상실감이라는 정서와 성찰에서 크게 벗어나지 않는다. 우리는 정춘희 시인이 좀 더 대결의식을 갖고 현대인들이 처한 삶의 조건과 실존적 문제들에 접근하기를 원한다. 그리고 자연에 대해서도 조화로운 자연만이 아니라 일그러지고 분열된 현대인들의 의식을 대변해줄 수 있는 자연, 현대인들이 실감할 수 있는 자연으로서 소외감과 상실감을 더욱더 증폭시키는 자연, 혹은 인간의 비정함과 폭력성을 여실히 드러내는 자연의 모습에 더욱 천착하기를 기대한다.

| 기사 |

제16회 유재라봉사상 정춘희 약사

정춘희 약사

올해 유재라봉사상 여약사 부문에 우리 사회 소외계층뿐만 아니라 캄보디아, 에티오피아, 필리핀 해외 의료봉사 등 봉사활동을 꾸준히 이어온 정춘희 약사가 선정됐다.

한국여약사회(회장 성수자)는 지난 14일 제22회 정기총회 및 제16회 유한양행 유재라봉사상 여약사 부문 시상식을 개최했다.

이날 유재라봉사상을 수상한 정춘희 약사(이대 약대)는 삼척 · 강릉 · 봉화 수해지역 무료 투약, 소록도 한센병원 의약품 지원 등을 비롯해 노숙자 · 독거노인 · 이주노동자 등 소외 이웃들에 대한 봉사활동에 앞장서 왔다. 또한 한국여약사회 봉사단장으로 캄보디아, 에티오피아, 필리핀 등 해외 의료봉사도 지속적으로 이끌었다.

정 약사는 "그동안 봉사활동을 통해 다른 사람을 도왔다고 생각하지 않는다"며 "투약 봉사를 통해 약사라는 전문직능의 가치를 실현할 수 있어 도리어 기뻤다"고 소감을 밝혔다. 특히 그는 "올해 한국여약사회 아시아건강캠페인 일환으로 필리핀에서 봉사는 남다른 의미였다"며 "약사 중심으로 현지인들에게 건강기능식품부터 생필품 등을 지원하면서 다양한 방향으로 봉사할 수 있어 뜻깊었

유재라봉사상 시상식
(왼쪽부터 유한양행 김윤섭 대표이사, 정춘희 약사, 성수자 한국여약사회장)

다"고 말했다.

정 약사는 "약사로서 사회적 책임 구현이라는 숭고한 소명을 가슴에 새기며 더불어 사는 삶을 살기 위해 노력하겠다"고 다짐했다.

유한양행 김윤섭 대표이사는 "정춘희 약사의 고귀한 봉사정신은 이 시대의 모든 사람에게 귀감이 될 것"이라며 "유재라봉사상은 소외계층에게 사랑의 손길을 전하는 분을 찾아 시상하는 숭고한 강으로 발전시키겠다고 말했다.

에티오피아 의료봉사

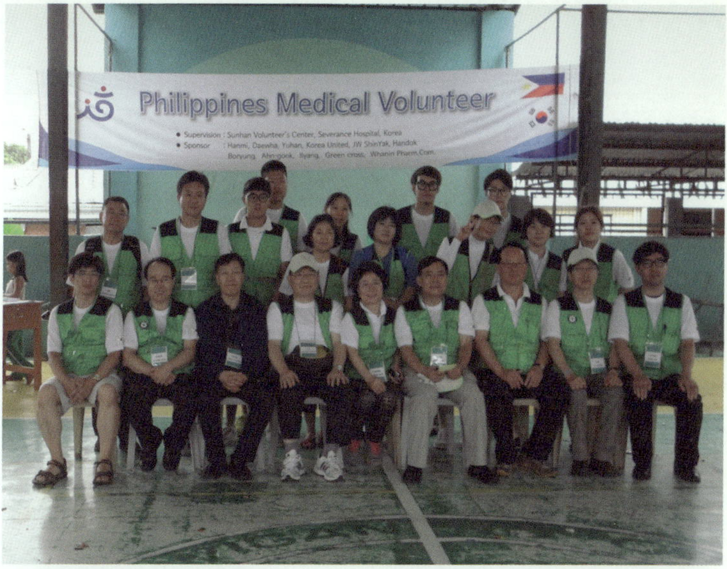
Philippines Medical Volunteer
• Supervision : Sunhan Volunteer's Center, Severance Hospital, Korea
• Sponsor : Hanmi, Daewha, Yuhan, Korea United, JW ShinYak, Handok

레보라짐

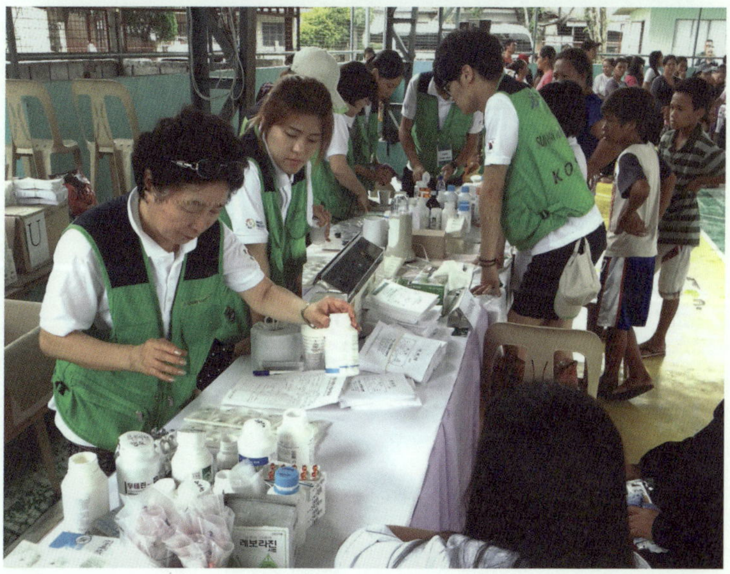

필리핀 의료봉사